GW01459881

Oops & O

At the beach!
À la plage !

Une histoire de Mellow
illustrée par Amélie Graux

talent hauts

Viens,
on va
se baigner !

Brrr!
It's cold.

Oh la la !
Elle est bonne !

Look!
I can swim!

I'm a whale!

Arrête, tu m'éclabousses !

Ha Ha!
Tu as des algues sur la tête!

And you have seaweed
in your bathing suit!

Maintenant,
on va goûter.

Oops!
The biscuits
fell into the
sand.

They're good, they're crunchy.

Délicieux, ces petits sablés.

Let's build a
sand castle.

Voilà le seau
et les pelles.

I'm building four towers.

Et je décore les tours
avec des coquillages.

Oh la la !

Oops!

Conception graphique : claire!

© Talents Hauts, 2009

ISBN : 978-2-916238-52-4

Loi n° 49-956 du 16 juillet 1949 sur les publications destinées à la jeunesse

Dépôt légal : juin 2009

Achevé d'imprimer en Italie par Ercom